CURIOUS
LISTS

* * *

A CREATIVE JOURNAL
FOR LIST-LOVERS

CHRONICLE BOOKS
SAN FRANCISCO

TEXT COPYRIGHT © 2009 BY Chronicle Books LLC.
ILLUSTRATIONS COPYRIGHT © 2009 BY David Hopkins.

ALL RIGHTS RESERVED. NO PART OF THIS BOOK MAY BE
REPRODUCED IN ANY FORM WITHOUT WRITTEN PERMISSION
FROM THE PUBLISHER.

ISBN 978-0-8118-6996-6

MANUFACTURED IN CHINA.

DESIGN BY Hwa Shin Lee.
ILLUSTRATIONS BY David Hopkins.
TYPESET IN Caslon & Helvetica.

CHRONICLE BOOKS ENDEAVORS TO USE ENVIRONMENTALLY
RESPONSIBLE PAPER IN ITS GIFT AND STATIONERY PRODUCTS.

10 9 8 7 6 5 4 3 2 1

CHRONICLE BOOKS LLC
680 SECOND STREET
SAN FRANCISCO, CA 94107

www.chroniclebooks.com

IN THE REALM OF POSSIBLE DIVERSIONS
REQUIRING A PEN AND PAPER, THERE
IS A WORLD OF ENTICING OPTIONS. A
GRAPH IS FINE. A CHART IS ALSO FINE.
AND A SYNOPSIS CERTAINLY HAS ITS
CHARM. AH, BUT A LIST! THIS CURIOUS
LITTLE BOOK SHOWS THAT A LIST CAN
PROVIDE UNFATHOMABLE ENJOYMENT
NO MATTER WHERE THE DAY TAKES
YOU. AND SO, DEAR READER, IT IS A
DISTINCT PLEASURE TO INTRODUCE
THIS FINE COMPENDIUM OF THE MOST
CURIOUS LISTS IMAGINABLE, WHICH
IT IS OUR SINCERE HOPE WILL BUFF,
BRIGHTEN, AND BURNISH YOUR DAYS
AND AT LEAST HALF OF YOUR NIGHTS.

CONTENTS

— CHAPTER I —

Lists for Early Mornings

10

Jug Fillers

Bugs One Would Eat,
If One Had To

•···•   •···•

•···•   •··,·•

•···•   •···•

•···•   •···•

•···•   •···•

Harmful Plants Native
to the *American South*

•···•

•···•

•···•

•···•

•···•

11

Libations Best Drunk
After a Modest *Hike*

Nose *Colors*
of Some Clowns

_____   _____

_____   _____

_____   _____

_____   _____

_____   _____

_____   _____

_____   _____

_____   _____

_____   _____

_____   _____

_____   _____

_____   _____

_____   _____

_____   _____

| Carnival Rides That Might Make One *Sick* | *Beaches* in South Carolina |

13

Lessons to Be Learned
from *Restaurant Servers*

....

....

....

....

....

Rainy Day Crafts   Insects That *Sting*

....

....

....

....

....

....

Attributes of
a *Threatening Cloud*

Ukulele Songs
Appropriate for a *Funeral*

Rural Areas Mentioned
in *Hemingway Stories*

|⋯⋯⋯⋯⋯⋯⋯⋯⋯⋯⋯| |⋯⋯⋯⋯⋯⋯⋯⋯⋯⋯⋯|

|⋯⋯⋯⋯⋯⋯⋯⋯⋯⋯⋯| |⋯⋯⋯⋯⋯⋯⋯⋯⋯⋯⋯|

|⋯⋯⋯⋯⋯⋯⋯⋯⋯⋯⋯| |⋯⋯⋯⋯⋯⋯⋯⋯⋯⋯⋯|

|⋯⋯⋯⋯⋯⋯⋯⋯⋯⋯⋯| |⋯⋯⋯⋯⋯⋯⋯⋯⋯⋯⋯|

|⋯⋯⋯⋯⋯⋯⋯⋯⋯⋯⋯| |⋯⋯⋯⋯⋯⋯⋯⋯⋯⋯⋯|

|⋯⋯⋯⋯⋯⋯⋯⋯⋯⋯⋯| |⋯⋯⋯⋯⋯⋯⋯⋯⋯⋯⋯|

|⋯⋯⋯⋯⋯⋯⋯⋯⋯⋯⋯| |⋯⋯⋯⋯⋯⋯⋯⋯⋯⋯⋯|

|⋯⋯⋯⋯⋯⋯⋯⋯⋯⋯⋯| |⋯⋯⋯⋯⋯⋯⋯⋯⋯⋯⋯|

|⋯⋯⋯⋯⋯⋯⋯⋯⋯⋯⋯| |⋯⋯⋯⋯⋯⋯⋯⋯⋯⋯⋯|

|⋯⋯⋯⋯⋯⋯⋯⋯⋯⋯⋯| |⋯⋯⋯⋯⋯⋯⋯⋯⋯⋯⋯|

|⋯⋯⋯⋯⋯⋯⋯⋯⋯⋯⋯| |⋯⋯⋯⋯⋯⋯⋯⋯⋯⋯⋯|

|⋯⋯⋯⋯⋯⋯⋯⋯⋯⋯⋯| |⋯⋯⋯⋯⋯⋯⋯⋯⋯⋯⋯|

|⋯⋯⋯⋯⋯⋯⋯⋯⋯⋯⋯| |⋯⋯⋯⋯⋯⋯⋯⋯⋯⋯⋯|

|⋯⋯⋯⋯⋯⋯⋯⋯⋯⋯⋯| |⋯⋯⋯⋯⋯⋯⋯⋯⋯⋯⋯|

True Things About *Cats*	Arguments for the Use of *Oil Paints*
I⋯⋯⋯⋯⋯⋯⋯⋯⋯⋯⋯⋯⋯I	I⋯⋯⋯⋯⋯⋯⋯⋯⋯⋯⋯⋯⋯I
I⋯⋯⋯⋯⋯⋯⋯⋯⋯⋯⋯⋯⋯I	I⋯⋯⋯⋯⋯⋯⋯⋯⋯⋯⋯⋯⋯I
I⋯⋯⋯⋯⋯⋯⋯⋯⋯⋯⋯⋯⋯I	I⋯⋯⋯⋯⋯⋯⋯⋯⋯⋯⋯⋯⋯I
I⋯⋯⋯⋯⋯⋯⋯⋯⋯⋯⋯⋯⋯I	I⋯⋯⋯⋯⋯⋯⋯⋯⋯⋯⋯⋯⋯I
I⋯⋯⋯⋯⋯⋯⋯⋯⋯⋯⋯⋯⋯I	I⋯⋯⋯⋯⋯⋯⋯⋯⋯⋯⋯⋯⋯I
I⋯⋯⋯⋯⋯⋯⋯⋯⋯⋯⋯⋯⋯I	I⋯⋯⋯⋯⋯⋯⋯⋯⋯⋯⋯⋯⋯I
I⋯⋯⋯⋯⋯⋯⋯⋯⋯⋯⋯⋯⋯I	I⋯⋯⋯⋯⋯⋯⋯⋯⋯⋯⋯⋯⋯I
I⋯⋯⋯⋯⋯⋯⋯⋯⋯⋯⋯⋯⋯I	I⋯⋯⋯⋯⋯⋯⋯⋯⋯⋯⋯⋯⋯I
I⋯⋯⋯⋯⋯⋯⋯⋯⋯⋯⋯⋯⋯I	I⋯⋯⋯⋯⋯⋯⋯⋯⋯⋯⋯⋯⋯I
I⋯⋯⋯⋯⋯⋯⋯⋯⋯⋯⋯⋯⋯I	I⋯⋯⋯⋯⋯⋯⋯⋯⋯⋯⋯⋯⋯I
I⋯⋯⋯⋯⋯⋯⋯⋯⋯⋯⋯⋯⋯I	I⋯⋯⋯⋯⋯⋯⋯⋯⋯⋯⋯⋯⋯I
I⋯⋯⋯⋯⋯⋯⋯⋯⋯⋯⋯⋯⋯I	I⋯⋯⋯⋯⋯⋯⋯⋯⋯⋯⋯⋯⋯I
I⋯⋯⋯⋯⋯⋯⋯⋯⋯⋯⋯⋯⋯I	I⋯⋯⋯⋯⋯⋯⋯⋯⋯⋯⋯⋯⋯I
I⋯⋯⋯⋯⋯⋯⋯⋯⋯⋯⋯⋯⋯I	I⋯⋯⋯⋯⋯⋯⋯⋯⋯⋯⋯⋯⋯I
I⋯⋯⋯⋯⋯⋯⋯⋯⋯⋯⋯⋯⋯I	I⋯⋯⋯⋯⋯⋯⋯⋯⋯⋯⋯⋯⋯I

Caffeinated
Beverages

Deeper Meanings
of Recurring *Bad Dreams*

— CHAPTER 2 —

Lists for Long Drives

Best-Selling
Salt-Water *Taffy Flavors*

Cuisine Associated with
Philadelphia

Heartbreaking Words
to Be Said to a Teacher

Building Materials
That Can Fit
in One's Pocket

Motherly *Expressions*
of Affection

Observations
Possibly Made By
a *Lazy Collie*

∘∘

∘∘

∘∘

∘∘

∘∘

Explorers
of the *Nineteenth Century*

∘∘

∘∘

∘∘

∘∘

∘∘

Lawful Uses
for a *Boomerang*

Animals
with *Short Tails*

• ⋯⋯⋯⋯⋯⋯⋯⋯⋯⋯⋯⋯⋯⋯⋯⋯ •   • ⋯⋯⋯⋯⋯⋯⋯⋯⋯⋯⋯⋯⋯⋯⋯⋯ •

• ⋯⋯⋯⋯⋯⋯⋯⋯⋯⋯⋯⋯⋯⋯⋯⋯ •   • ⋯⋯⋯⋯⋯⋯⋯⋯⋯⋯⋯⋯⋯⋯⋯⋯ •

• ⋯⋯⋯⋯⋯⋯⋯⋯⋯⋯⋯⋯⋯⋯⋯⋯ •   • ⋯⋯⋯⋯⋯⋯⋯⋯⋯⋯⋯⋯⋯⋯⋯⋯ •

• ⋯⋯⋯⋯⋯⋯⋯⋯⋯⋯⋯⋯⋯⋯⋯⋯ •   • ⋯⋯⋯⋯⋯⋯⋯⋯⋯⋯⋯⋯⋯⋯⋯⋯ •

• ⋯⋯⋯⋯⋯⋯⋯⋯⋯⋯⋯⋯⋯⋯⋯⋯ •   • ⋯⋯⋯⋯⋯⋯⋯⋯⋯⋯⋯⋯⋯⋯⋯⋯ •

Books That Offer
a Good Explanation of Things

• ⋯⋯⋯⋯⋯⋯⋯⋯⋯⋯⋯⋯⋯⋯⋯⋯⋯⋯⋯⋯⋯⋯⋯⋯⋯⋯⋯⋯⋯⋯⋯⋯⋯⋯⋯ •

• ⋯⋯⋯⋯⋯⋯⋯⋯⋯⋯⋯⋯⋯⋯⋯⋯⋯⋯⋯⋯⋯⋯⋯⋯⋯⋯⋯⋯⋯⋯⋯⋯⋯⋯⋯ •

• ⋯⋯⋯⋯⋯⋯⋯⋯⋯⋯⋯⋯⋯⋯⋯⋯⋯⋯⋯⋯⋯⋯⋯⋯⋯⋯⋯⋯⋯⋯⋯⋯⋯⋯⋯ •

• ⋯⋯⋯⋯⋯⋯⋯⋯⋯⋯⋯⋯⋯⋯⋯⋯⋯⋯⋯⋯⋯⋯⋯⋯⋯⋯⋯⋯⋯⋯⋯⋯⋯⋯⋯ •

• ⋯⋯⋯⋯⋯⋯⋯⋯⋯⋯⋯⋯⋯⋯⋯⋯⋯⋯⋯⋯⋯⋯⋯⋯⋯⋯⋯⋯⋯⋯⋯⋯⋯⋯⋯ •

Large *Butterflies*

~~~~~~

~~~~~~

~~~~~~

~~~~~~

~~~~~~

~~~~~~

~~~~~~

~~~~~~

~~~~~~

~~~~~~

~~~~~~

~~~~~~

Such as: The Red Admiral, *Vanessa atalanta*

Toothpaste Flavors

Rival Teams

_____   _____

_____   _____

_____   _____

_____   _____

_____   _____

_____   _____

_____   _____

_____   _____

_____   _____

_____   _____

_____   _____

_____   _____

_____   _____

_____   _____

_____   _____

Edible *Flowers*   Virtuous *Occupations*

....
....
....
....
....
....
....
....
....
....
....
....
....
....
....

— CHAPTER 3 —

Lists for When You're Feeling Disorganized

30

| Haikus | Capricorns |
| About *Duct Tape* | in *History* |

Arctic
Mammals

By-Products of
a *Friendly Gesture*

|..| |..|

|..| |..|

|..| |..|

|..| |..|

|..| |..|

|..| |..|

|..| |..|

|..| |..|

|..| |..|

|..| |..|

|..| |..|

|..| |..|

|..| |..|

|..| |..|

|..| |..|

Energetic *Affirmations*

Hiccup Cures

○○○

○○○

○○○

○○○

○○○

Existential Crises
of a King or Queen

○○○

○○○

○○○

○○○

○○○

Cheeses
That Might Make
One Want to *Kiss* Someone

_____

_____

_____

_____

_____

_____

_____

Family Names
of Some Imaginary
Romance Novelists

_____

_____

_____

_____

_____

Grueling Endeavors   *Luggage* Options

_____   _____

_____   _____

_____   _____

_____   _____

_____   _____

Names for *Twins*
That Begin with the Same Letter

....
....
....
....
....

Hour-Long *Activities*   Foods That Taste Better *Raw*

....
....
....
....
....

Highway Signage

_____

_____

_____

_____

_____

Kindergarten Subjects
of Study

Fighting Words

_____   _____

_____   _____

_____   _____

_____   _____

_____   _____

_____   _____

Albums to Be Played
on a *Sunday Afternoon*

Kung Fu Moves

. . . .
. . . .
. . . .
. . . .
. . . .
. . . .
. . . .
. . . .
. . . .
. . . .
. . . .
. . . .
. . . .
. . . .
. . . .

Best Streets on which
to Attempt a *Blindfolded*
Bike Ride

Opinions
on Cold Weather

Multiple Uses
for a *Toothpick*

| Dedicated | Beers |
| *English Speakers* | Made in Bulgaria |

_____ | _____

_____ | _____

_____ | _____

_____ | _____

_____ | _____

_____ | _____

_____ | _____

_____ | _____

_____ | _____

_____ | _____

_____ | _____

_____ | _____

_____ | _____

_____ | _____

_____ | _____

— CHAPTER 4 —

Lists for the Airport

Generalizations
One Can Make About
Chocolate Sauce

Educational Institutions
in Spain

. . . .
. . . .
. . . .
. . . .
. . . .
. . . .
. . . .
. . . .
. . . .
. . . .
. . . .
. . . .
. . . .
. . . .

Deadly Plants
That Are Pleasing to
Behold

Elaborate Schemes for
Avoiding a Call

Ill-Advised Places
to Store an *Ax*

Oily Substances

Gourds
Better for *Carving*

Decorations for
National Whale Appreciation Day

....
....
....
....
....
....
....
....
....
....
....
....
....

Such as: Whale hats

WE ♥ WHALES

48

Curse Words
to Be Used *Sparingly*

Believable *Anecdotes*
Involving a *Ghost*

Nomadic *Cultures*

Riddles
That Involve *Numbers*

· ·
· ·
· ·
· ·
· ·
· ·
· ·
· ·
· ·
· ·
· ·
· ·
· ·
· ·
· ·

Knuckleheads in the *News*

Literary *First Names*

Imitation *Meats*
for the Adventurous

Yucky Candies

·   ·
·   ·
·   ·
·   ·
·   ·
·   ·
·   ·
·   ·
·   ·
·   ·
·   ·
·   ·
·   ·
·   ·
·   ·
·   ·

54

Buzzing *Things*   Dated *Hairstyles*

. . . .

. . . .

. . . .

. . . .

. . . .

. . . .

. . . .

. . . .

. . . .

. . . .

. . . .

. . . .

. . . .

. . . .

Nervy Ways
of Introducing Oneself

Debatably *Fun Ways*
to Spend an Evening

Notable Winners
of the *Kentucky Derby*

Olympic *Silver* Medalists

Encumbrances
for a *Bike Rider*

✦✦

✦✦

✦✦

✦✦

✦✦

✦✦

✦✦

Celebrated
Ice-Skating Rinks

Motives for Eating
a *Cheese Sandwich*

Remote Controlled Vehicles
One Might Receive for *Christmas*

Philanthropic Uses
for a Found Bag
Containing *$2,400*

Celestial Bodies
to *Wish* Upon

ooooooooooooooooooooooooooooooooooooooooooooooooooooo ooooooooooooooooooooooooooooooooooooooooooooooooooooo

ooooooooooooooooooooooooooooooooooooooooooooooooooooo ooooooooooooooooooooooooooooooooooooooooooooooooooooo

ooooooooooooooooooooooooooooooooooooooooooooooooooooo ooooooooooooooooooooooooooooooooooooooooooooooooooooo

ooooooooooooooooooooooooooooooooooooooooooooooooooooo ooooooooooooooooooooooooooooooooooooooooooooooooooooo

ooooooooooooooooooooooooooooooooooooooooooooooooooooo ooooooooooooooooooooooooooooooooooooooooooooooooooooo

Breakfast Specials

ooooooooooooooooooooooooooooooooooooooooooooooooooooooooooooooooooooooooooooooooooooooooooooooooooooooooooo

ooooooooooooooooooooooooooooooooooooooooooooooooooooooooooooooooooooooooooooooooooooooooooooooooooooooooooo

ooooooooooooooooooooooooooooooooooooooooooooooooooooooooooooooooooooooooooooooooooooooooooooooooooooooooooo

ooooooooooooooooooooooooooooooooooooooooooooooooooooooooooooooooooooooooooooooooooooooooooooooooooooooooooo

ooooooooooooooooooooooooooooooooooooooooooooooooooooooooooooooooooooooooooooooooooooooooooooooooooooooooooo

– CHAPTER 6 –

Lists for When You're at Home, Sick

62

Comforting Words
for a Friend Embarking
on a *Dangerous Balloon Ride*

Unpromising
Haiku Beginnings

Countries
That Export *Sardines*

63

Indecent *Attire*
in Which to Attend
the Opera

....

....

....

....

....

Letter Writing *Materials*

Yeast Breads Containing
Raisins or *Other Dried Fruits*

....

....

....

....

....

Foul Tasting *Vegetables*

Such as: Brussels sprouts

66

Letters of the *Alphabet*
That Look Good Written
on Their Own

....
....
....
....
....

Natural *Pastimes*

Hot Dishes
to Be Served on a *Blind Date*

....
....
....
....
....
....

Fruits
One Can *Balance*
on One's Head

Occasions for Baking a *Cake*	Punch Lines to Jokes Involving a *Man's Hat*
. . . .	. . . .
. . . .	. . . .
. . . .	. . . .
. . . .	. . . .
. . . .	. . . .
. . . .	. . . .
. . . .	. . . .
. . . .	. . . .
. . . .	. . . .
. . . .	. . . .
. . . .	. . . .
. . . .	. . . .
. . . .	. . . .
. . . .	. . . .

Seductive Names
for a *Lover's Feet*

Qualifying Questions
for a Quiz Show
About *Farming*

. . . .

. . . .

. . . .

. . . .

. . . .

. . . .

. . . .

. . . .

. . . .

. . . .

. . . .

. . . .

. . . .

. . . .

— CHAPTER 7 —

Lists for Rainy Days

Hackneyed Names
for a *Dog*

Wasteful Uses
for *Stamps*

_____   _____

_____   _____

_____   _____

_____   _____

_____   _____

_____   _____

_____   _____

_____   _____

_____   _____

_____   _____

_____   _____

_____   _____

_____   _____

_____   _____

_____   _____

_____   _____

73

Tales That Take Place
in *More Than One City*

Liquids That Belong
in the *Cupboard*

Dance Moves Unsafe for
High Places

Knots Used in *Sailing*

Nearby Stores
That Sell *Boots*

Declarations of
a *Furious Chef*

Graceless Dancers

77

Outdated Stocking
Cap *Colors*

_____

_____

_____

_____

_____

Code Words for
When Your Mother Is Listening to
Your Conversation

Often Believed Excuses
for Not *Washing*
One's Hands

_____   _____

_____   _____

_____   _____

_____   _____

_____   _____

Macaroon *Colors*

Impolite Ways
to Request *More Salt*

. . . .
. . . .
. . . .
. . . .
. . . .
. . . .
. . . .
. . . .
. . . .
. . . .
. . . .
. . . .
. . . .
. . . .

Utilitarian *Fashion* Accessories	Wall Hangings in a Magic Store *Owner's House*
. . . .	. . . .
. . . .	. . . .
. . . .	. . . .
. . . .	. . . .
. . . .	. . . .
. . . .	. . . .
. . . .	. . . .
. . . .	. . . .
. . . .	. . . .
. . . .	. . . .
. . . .	. . . .
. . . .	. . . .
. . . .	. . . .
. . . .	. . . .
. . . .	. . . .

– CHAPTER 8 –

Lists for When You're Standing in Line

Games That Are Best Played in a *Tree*	Curses One Might Hear in a *Casino*

Hairstyles
That Look Awkward
on a Child

Impractical Vessels
for Storing *Tea*

Juicy *Fruits*

....

....

....

....

....

Antidotes
for Various Poisons

....

....

....

....

....

Staples for
a Successful *House Party*

Bitter Liquids

⁰⁰

⁰⁰

⁰⁰

⁰⁰

⁰⁰

Challenging
College Courses

⁰⁰

⁰⁰

⁰⁰

⁰⁰

⁰⁰

Hiding Places
in a *Museum*

_____

_____

_____

_____

_____

_____

_____

_____

_____

_____

_____

_____

Such as: A sarcophagus

88

Costumes That Include
Eyeglasses

_____

_____

_____

_____

_____

Inventions
Involving *Glass*

Memorable Cities

_____   _____

_____   _____

_____   _____

_____   _____

_____   _____

French Movies
Starring *American Actors*

....

....

....

....

....

Colors for Painting
a *Tree House*

....

....

....

....

....

Telltale Signs of
an *Undercover Agent*

....

....

....

....

....

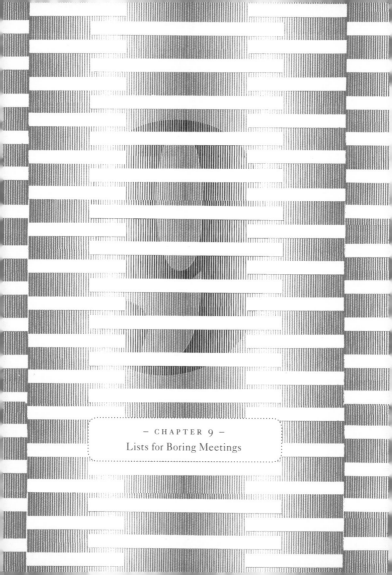

— CHAPTER 9 —
Lists for Boring Meetings

Quips About Actors

Debaucherous Occasions

Soda Brands

Gum Flavors

. . . .

. . . .

. . . .

. . . .

. . . .

. . . .

. . . .

. . . .

. . . .

. . . .

. . . .

. . . .

. . . .

. . . .

Happy *Turns* of Phrase

Cupcake Flavors for
a *Sailor's Farewell Dinner*

°°°

°°°

°°°

°°°

°°°

Jump Rope Song Titles

°°°

°°°

°°°

°°°

°°°

Incompatible
Household Pets

Working Titles
for a Screenplay about *George
Washington's Space Adventures*

....

....

....

....

....

Masculine Traits
That Could Get One
in a *Heap of Trouble*

Attitudes of
Large *House Cats*

....

....

....

....

....

....

Unpleasant Tonics

_____

_____

_____

_____

_____

Historical Events
That Might Happen
Next Week

Flotation Devices,
in a *Pinch*

_____   _____

_____   _____

_____   _____

_____   _____

_____   _____

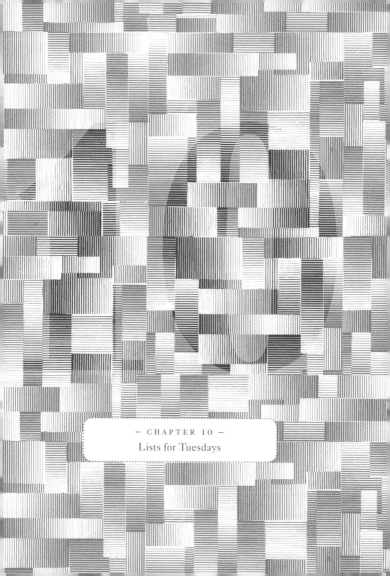

Jam Fruits

Yummy *Candies*

Ridiculous Reasons
for Saying *"Thank You"*

Vitamins That Are
Reported to Promote
Good Looking Hair

Sensitive Parts
of the Face

|···| |···|

|···| |···|

|···| |···|

|···| |···|

|···| |···|

|···| |···|

|···| |···|

|···| |···|

|···| |···|

|···| |···|

|···| |···|

|···| |···|

|···| |···|

|···| |···|

|···| |···|

Weeds That Are Also Not *Weeds*	Reasons to *Evacuate* a Castle
. . . .	. . . .
. . . .	. . . .
. . . .	. . . .
. . . .	. . . .
. . . .	. . . .
. . . .	. . . .
. . . .	. . . .
. . . .	. . . .
. . . .	. . . .
. . . .	. . . .
. . . .	. . . .
. . . .	. . . .
. . . .	. . . .
. . . .	. . . .
. . . .	. . . .

Incomparably Strange
Figures of Speech

Hardworking *Machines*

Alternate
Definitions of the Word
Thiptoon

Yoga Positions
Named After Animals

Shapes Most Often
Seen in *Clouds*

○○

○○

○○

○○

○○

Places
to Practice *Invisibility*

○○○

○○○

○○○

○○○

○○○

— CHAPTER II —

Lists for Holidays

Zodiac Signs of
Famous American Artists

_____

_____

_____

_____

_____

Cotton Producing *Nations*   Meaningless *Words*

_____   _____

_____   _____

_____   _____

_____   _____

_____   _____

Unsettling Realizations
About *High School Teachers*

Quotes Uttered
at a *Shakespeare Society*
Holiday Party

. . . .

. . . .

. . . .

. . . .

. . . .

. . . .

. . . .

. . . .

. . . .

. . . .

. . . .

. . . .

. . . .

. . . .

Knightly Duties

~~~~~~

~~~~~~

~~~~~~

~~~~~~

~~~~~~

~~~~~~

~~~~~~

~~~~~~

~~~~~~

~~~~~~

~~~~~~

~~~~~~

~~~~~~

Such as: Attending to fair maidens

Weeknight Activities That Involve a *Red Ball*	Glamorous *Job Titles*
|··|	|··|
|··|	|··|
|··|	|··|
|··|	|··|
|··|	|··|
|··|	|··|
|··|	|··|
|··|	|··|
|··|	|··|
|··|	|··|
|··|	|··|
|··|	|··|
|··|	|··|
|··|	|··|
|··|	|··|

Known Remedies
for a *Toothache*

Dictionary Authors

Trustworthy Names
for a *Camel*

. . . .
. . . .
. . . .
. . . .
. . . .
. . . .
. . . .
. . . .
. . . .
. . . .
. . . .
. . . .
. . . .
. . . .
. . . .

Clues to the Murder
of a *Taxidermist*

Crooked Professionals

·   ·
·   ·
·   ·
·   ·
·   ·
·   ·
·   ·
·   ·
·   ·
·   ·
·   ·
·   ·
·   ·
·   ·
·   ·

— CHAPTER 12 —

Lists for Lunchtime

Journalists
Who Have Written
a *Work of Fiction*

_____

_____

_____

_____

_____

Zombie Defense Measures   *Grand Piano*
                                   Manufacturers

_____   _____

_____   _____

_____   _____

_____   _____

_____   _____

_____   _____

Ports of Call within
Two Hundred Miles
of *Greenland*

....

....

....

....

....

Offensive Things to Say
to a *Wine Lover*

Frog *Habitats*

....

....

....

....

....

....

Latest Innovations
in *Shoe Design*

◆◆◆

◆◆◆

◆◆◆

◆◆◆

◆◆◆

◆◆◆

◆◆◆

◆◆◆

Unlikely *Ice Cream* Flavors

Substitutes
for *Marshmallow*

•···• •···•

•···• •···•

•···• •···•

•···• •···•

•···• •···•

Bubble-Shaped
Things

•···•

•···•

•···•

•···•

•···•

Argyle *Sock Color*
Combinations

....
....
....
....
....

Flying Objects   Outstanding *Modes*
                                     of Transportation

....
....
....
....
....
....

Any Variety of
Mushroom

Garrulous
Television Personalities

——————————— ———————————
——————————— ———————————
——————————— ———————————
——————————— ———————————
——————————— ———————————
——————————— ———————————
——————————— ———————————
——————————— ———————————
——————————— ———————————
——————————— ———————————
——————————— ———————————
——————————— ———————————
——————————— ———————————
——————————— ———————————

Worldly Wise *Companions*

Disadvantages of
Great Wealth

....
....
....
....
....
....
....
....
....
....
....
....
....
....

Memorabilia Purchases
at a Former President's
Garage Sale

Poker *Hands*

Coffee Drinks
Made without Foam

— CHAPTER 13 —
Lists for When You're on the Phone

Guidebook *Titles*   *Utterances* of Approval

. . . .

. . . .

. . . .

. . . .

. . . .

. . . .

. . . .

. . . .

. . . .

. . . .

. . . .

. . . .

. . . .

. . . .

. . . .

Unbearably *Sad* Films

Opposite Terms
for *"So-So"*

○○○

○○○

○○○

○○○

○○○

Passwords
to a Secret Club
for *Jugglers*

○○

○○

○○

○○

○○

Tax Deductions
in the *Year 1900*

....

....

....

....

....

Injurious Comments
to Make to a *Pirate*

Yearnings
That Relate to *Country Life*

....

....

....

....

....

....

Machines
That Require *Water*

Kite Flying Locations
in *Paris*

Very Pretty Parks

. . . .

. . . .

. . . .

. . . .

. . . .

. . . .

. . . .

. . . .

. . . .

. . . .

. . . .

. . . .

. . . .

. . . .

133

Witty Things to Do
with a *Bucket of Paint*

_____

_____

_____

_____

_____

Locations to Search for
Missing Sunglasses

Homestead *Needs*

_____   _____

_____   _____

_____   _____

_____   _____

_____   _____

Worse Times
Than the *Present*

....
....
....
....
....
....
....
....
....
....
....
....

Such as: The Cretaceous Period

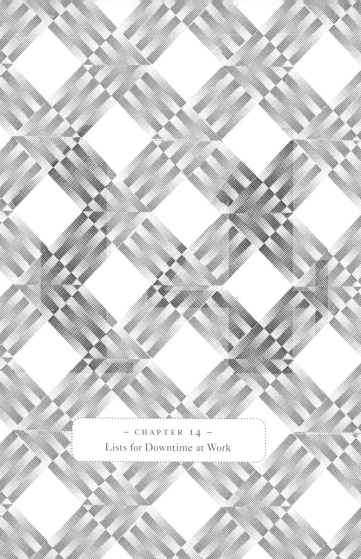

— CHAPTER 14 —

Lists for Downtime at Work

Xylophone Orchestra
Names, Possibly

Occupational Hazards
for a *Sandcastle* Architect

. . . .

. . . .

. . . .

. . . .

. . . .

. . . .

. . . .

. . . .

. . . .

. . . .

. . . .

. . . .

. . . .

. . . .

. . . .

Bowling Alley
Concession Stand
Offerings

Eponymous
Dairy Products

●┄┄┄┄┄┄┄┄┄┄┄┄┄●   ●┄┄┄┄┄┄┄┄┄┄┄┄┄●

●┄┄┄┄┄┄┄┄┄┄┄┄┄●   ●┄┄┄┄┄┄┄┄┄┄┄┄┄●

●┄┄┄┄┄┄┄┄┄┄┄┄┄●   ●┄┄┄┄┄┄┄┄┄┄┄┄┄●

●┄┄┄┄┄┄┄┄┄┄┄┄┄●   ●┄┄┄┄┄┄┄┄┄┄┄┄┄●

●┄┄┄┄┄┄┄┄┄┄┄┄┄●   ●┄┄┄┄┄┄┄┄┄┄┄┄┄●

Cures for
a *Stubbed Toe*

●┄┄┄┄┄┄┄┄┄┄┄┄┄┄┄┄┄┄┄┄┄┄┄┄┄┄┄┄┄┄●

●┄┄┄┄┄┄┄┄┄┄┄┄┄┄┄┄┄┄┄┄┄┄┄┄┄┄┄┄┄┄●

●┄┄┄┄┄┄┄┄┄┄┄┄┄┄┄┄┄┄┄┄┄┄┄┄┄┄┄┄┄┄●

●┄┄┄┄┄┄┄┄┄┄┄┄┄┄┄┄┄┄┄┄┄┄┄┄┄┄┄┄┄┄●

●┄┄┄┄┄┄┄┄┄┄┄┄┄┄┄┄┄┄┄┄┄┄┄┄┄┄┄┄┄┄●

Collections of Things
Beginning with the Letter
S or *O*

....
....
....
....
....

Friendliest Animals   *Hunting* Tricks

....
....
....
....
....
....

Goals for
Next Tuesday

Verbs That Contain
Only *Two Letters*

|...|
|...|
|...|
|...|
|...|
|...|
|...|
|...|
|...|
|...|
|...|
|...|
|...|
|...|
|...|

Rewards
for the Return of
a *Lost Wallet* or *Purse*

Elements
That Do Not Contain
the *Letter U*

143

What You Would Eat
for *Breakfast*
If You Had the Choice

_____

_____

_____

_____

_____

Desirable *Odors*   Ordinary *Symptoms*

_____   _____

_____   _____

_____   _____

_____   _____

_____   _____

_____   _____

No-Good Uses
for a *Piece of Rope*

_____

_____

_____

_____

_____

_____

_____

_____

Words That Mean
the Opposite of
How They Sound

Other Names
Besides Harold for
an *Elephant*

|························|
|···|

|························|
|···|

|························|
|···|

|························|
|···|

|························|
|···|

|························|
|···|

|························|
|···|

|························|
|···|

|························|
|···|

|························|
|···|

|························|
|···|

|························|
|···|

|························|
|···|

|························|
|···|

|························|
|···|

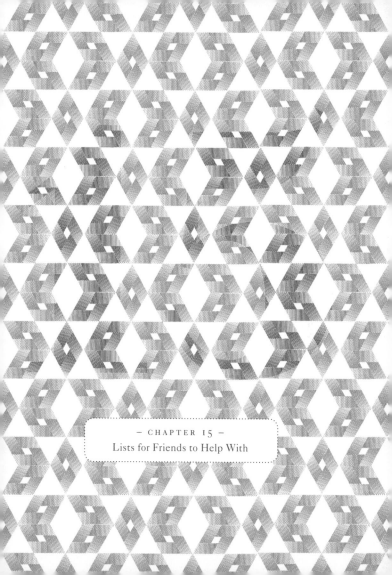

— CHAPTER 15 —

Lists for Friends to Help With

Zany Responses to the Question *"How Are You Doing?"*	Appropriate Excuses for *Skipping Dessert*
. . . .	. . . .
. . . .	. . . .
. . . .	. . . .
. . . .	. . . .
. . . .	. . . .
. . . .	. . . .
. . . .	. . . .
. . . .	. . . .
. . . .	. . . .
. . . .	. . . .
. . . .	. . . .
. . . .	. . . .
. . . .	. . . .
. . . .	. . . .

Eel-Filled Rivers   Quickly Healing *Bones*

. . . .
. . . .
. . . .
. . . .
. . . .
. . . .
. . . .
. . . .
. . . .
. . . .
. . . .
. . . .
. . . .
. . . .
. . . .

Underwater Activities

Break-Dancing
Moves

•·······································• •·······································•

•·······································• •·······································•

•·······································• •·······································•

•·······································• •·······································•

•·······································• •·······································•

Superhuman Abilities

•···•

•···•

•···•

•···•

•···•

Fudge *Toppings*

Yuppie *Drinks*

....
....
....
....
....
....
....
....
....
....
....
....
....
....
....

Odd Times
for Taking a *Bath*

....

....

....

....

....

....

....

....

....

....

....

....

Such as: During a space mission

— CHAPTER 16 —

Lists for When You're on the Bus

156

Odors Most Often Smelled
in an *Airport*

_____

_____

_____

_____

_____

Last Place   Guessing *Words*
Racing Horse Names

_____   _____

_____   _____

_____   _____

_____   _____

_____   _____

_____   _____

Decent
Supporting Actors

Eloquent Ways of Saying
"Egad!"

Snow Cone Flavors
Other Than *Tiger's Blood*

Undesirable Traits
in a *Pet*

∘∘∘

∘∘∘

∘∘∘

∘∘∘

∘∘∘

Major Developments
in the Field of
Home Recording

∘∘

∘∘

∘∘

∘∘

∘∘

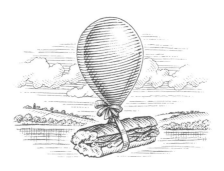

Options for Disposing of
a *Half-Eaten Sandwich*

_____

_____

_____

_____

_____

_____

_____

_____

New Uses
for *Vegetable Oil*

_____

_____

_____

_____

_____

Yellow Items
Found in a *Bedroom*

Nicknames
for a *Bully*

_____   _____

_____   _____

_____   _____

_____   _____

_____   _____

Large Vessels Commonly
Used to Transport
Baked Goods

Polysyllabic Synonyms
for the Word *Blah*

Last-Minute *Vacation*
Destinations

162

Violet Objects Found
Around the *Kitchen*

Recipes
That Use at Least
One Cup of *Raisins*

. . . .

. . . .

. . . .

. . . .

. . . .

. . . .

. . . .

. . . .

. . . .

. . . .

. . . .

. . . .

. . . .

. . . .

Untrue Things
About *Cats*

....

....

....

....

....

Yearlong *Projects*   ### Rare *Stones*

....

....

....

....

....

....

Shades of Green
That Might Be Better
Described as a *Shade of Blue*

Majestic *Vistas*
in the Surrounding Area

°°°

°°°

°°°

°°°

°°°

Perfect Scores
in *Certain* Games

°°

°°

°°

°°

°°

Evergreen Shrubs
of Ireland

Yogurt Toppings
That Have Fallen Out of Favor
in the Past Five Years

Justifications for
Walking Backward

– CHAPTER 17 –

Lists for Vacations

Little-Known
Pasta Varieties

_____

_____

_____

_____

_____

Outlawed Activities   Lamentable Reasons
                                     for Staging a *Dinner Party*

_____   _____

_____   _____

_____   _____

_____   _____

_____   _____

_____   _____

Themes
for a *Halloween* Essay

....
....
....
....
....

Unwise Impersonations
to Perform in a *Public Bath*

Vehicles That Have
More Than *Five Wheels*

....
....
....
....
....
....

Professions
That Require *Large Shoes*

Walkable *Cities*

Punch Lines to Jokes
Involving a *Man's Hat*

X (Season) +
Y (Weather *Occurrence*) =

Quaint *Household Items*
Made of Wood

White *Birds*

Furniture
for a *Tree House*

. . . .

. . . .

. . . .

. . . .

. . . .

. . . .

. . . .

. . . .

. . . .

. . . .

. . . .

. . . .

. . . .

. . . .

Qualities
of an Undesirable
Train Companion

Such as: A fondness for skunks

Wealthy People
Who Are *Unemployed*

Questions
to Ask a *Pirate*

Reassurances for a Depressed *Dairy Farmer*	Number of *Wrinkles* in Various Persons' *Elbows*
. . . .	. . . .
. . . .	. . . .
. . . .	. . . .
. . . .	. . . .
. . . .	. . . .
. . . .	. . . .
. . . .	. . . .
. . . .	. . . .
. . . .	. . . .
. . . .	. . . .
. . . .	. . . .
. . . .	. . . .
. . . .	. . . .
. . . .	. . . .
. . . .	. . . .

– CHAPTER 18 –
Lists for When You're Unemployed

Velvety *Drinks*

Quintessential Volumes
for the Student of *Poetry*

Icebox *Pies*

Kitten Names

Parlor Games
That Can Be Played
By Oneself

....
....
....
....
....

Asparagus-Based
Casseroles

Railroad Lines
of the World

....
....
....
....
....
....

Rattling Objects

Y (*Primary Color*) +
X (*Body Part*) =

Jovial Expressions
Heard in a Church

. . . .
. . . .
. . . .
. . . .
. . . .
. . . .
. . . .
. . . .
. . . .
. . . .
. . . .
. . . .
. . . .
. . . .
. . . .

Quick Ways
to Make a *Buck*

Zip Codes
in *New York*

· ·

· ·

· ·

· ·

· ·

· ·

· ·

· ·

· ·

· ·

· ·

· ·

· ·

· ·

CHAPTER 19

Lists for Carefree Afternoons

Rectangular *Appliances*

Pickling *Spices*

Equipment Needed for
Making a *Cake*

Neighborly *Gestures*

Desserts
That Are Best Served *Cold*

Jeers Reserved for a *Bad Comedian*	Sandwiches That Taste Better with *Mustard*

Activities That Require a *Handkerchief*	Avenues for *Exploration*
. . . .	. . . .
. . . .	. . . .
. . . .	. . . .
. . . .	. . . .
. . . .	. . . .
. . . .	. . . .
. . . .	. . . .
. . . .	. . . .
. . . .	. . . .
. . . .	. . . .
. . . .	. . . .
. . . .	. . . .
. . . .	. . . .
. . . .	. . . .

Button Locations

....

....

....

....

....

Teenage *Worries*   Urban *Annoyances*

....

....

....

....

....

....

Secret Things
to Store in a Book

_____

_____

_____

_____

_____

_____

_____

_____

Funny
Middle Names

Jobs
That Might Take One to
Antarctica

. . . .

. . . .

. . . .

. . . .

. . . .

. . . .

. . . .

. . . .

. . . .

. . . .

. . . .

. . . .

. . . .

. . . .

Passive Forms
of *Entertainment*

Junkyard *Treasures*

Shark Tooth
Jewelry Concepts

— CHAPTER 20 —

Lists for Right Now

Signs
That a *Jukebox*
Needs Servicing

....

....

....

....

....

....

....

....

....

....

....

....

Such as: Smoke and fire

Onomatopoetic Expressions
of *Despair*

Undervalued *Spices*

○○

○○○○○○○○○○○○○○○○○○○○○○○○○○○○○○○○○○○○○

○○○○○○○○○○○○○○○○○○○○○○○○○○○○○○○○○○○○○○

○○○○○○○○○○○○○○○○○○○○○○○○○○○○○○○○○○○○○

○○○○○○○○○○○○○○○○○○○○○○○○○○○○○○○○○○○

○○

○○

○○

○○

○○

Some Numbers
That Follow the Number
Seven

○○○

○○

○○

○○

○○

Headlines
for a *School Newspaper*

Lazy Rivers

Obvious *Lies*
That Begin with
the Pronoun *I*

Garnishes
Found in *the Wild*

Preparations for
a *Family Reunion*

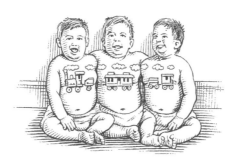

Tattoo Ideas for *Triplets*

— CHAPTER 21 —

Lists for a Little Later

Martini *Recipes*

....
....
....
....
....

School *Colors*   *Nauseating* Sounds

....
....
....
....
....
....

Predictions
for the *Future*

....

....

....

....

....

Varieties of *Shellfish*   *Scrappy Dog* Breeds

....

....

....

....

....

....

Tools That Can Be Used
for Grooming *Nose Hair*

_____

_____

_____

_____

_____

_____

_____

_____

_____

_____

_____

Such as: A hand mixer or apple peeler

Buttery Sauces

Traditional *Dances*

| *Beans* | Kooky Yet Scary |
| to Use in Soup | *Costumes* |

. . . .

. . . .

. . . .

. . . .

. . . .

. . . .

. . . .

. . . .

. . . .

. . . .

. . . .

. . . .

. . . .

. . . .

. . . .

Auspicious Dates
for Traveling Across
the *Swiss Alps*

Wines That Pair Well
with *Macaroni and Cheese*

Umbrella Uses,
Other Than the Usual

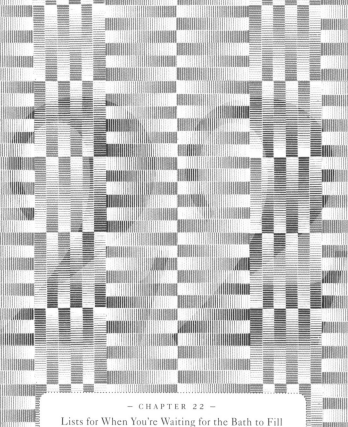

– CHAPTER 22 –

Lists for When You're Waiting for the Bath to Fill

Magnifiers of
Minor Problems

Underappreciated
Playground Structures

∘∘∘ ∘∘∘

∘∘∘ ∘∘∘

∘∘∘ ∘∘∘

∘∘∘ ∘∘∘

∘∘∘ ∘∘∘

Special Reasons
for a *Back Rub*

∘∘∘

∘∘∘

∘∘∘

∘∘∘

∘∘∘

Objects That Can Fit
Inside a *Thimble*

Inappropriate Questions
to Ask at a *Birthday Party*

•·······················• •·······················•

•·······················• •·······················•

•·······················• •·······················•

•·······················• •·······················•

•·······················• •·······················•

Lecture Titles
on the Subject of *Cheese*

•···•

•···•

•···•

•···•

•···•

218

Mediocre *Sitcoms*

_____

_____

_____

_____

_____

Fancy Cocktail *Garnishes*	Kindly *Grandmotherly* Activities
_____	_____
_____	_____
_____	_____
_____	_____
_____	_____

Ticklish Spots on a *Dog*

....

....

....

....

....

Pretend Jobs

Mattress *Stuffings*

....

....

....

....

....

....

....

....

....

....

Warning Signs to Look for at the *Dentist*	Ailments Caused By *Lack of Caution*

Gummy Items	Paper Products
Found on	That Could Be Useful
the Heel of a Boot	on a *Space Shuttle*

. . . .

. . . .

. . . .

. . . .

. . . .

. . . .

. . . .

. . . .

. . . .

. . . .

. . . .

. . . .

. . . .

. . . .

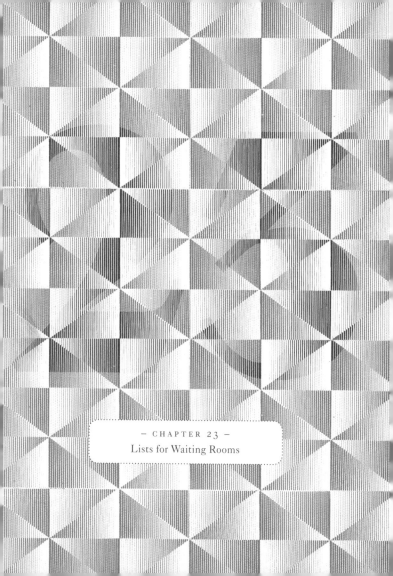

– CHAPTER 23 –

Lists for Waiting Rooms

Valuable Items to Have
on a *Boat Trip*

Yearbook Salutations

....
....
....
....
....

Things That Can Be Used
in Lieu of *Dental Floss*

Preventative Measures
for a *Stomach Ache*

....
....
....
....
....
....

....
....
....
....
....
....

Quilting *Terms*

Necessities
for Traveling in the *Jungle*

|..| |..|

|..| |..|

|..| |..|

|..| |..|

|..| |..|

|..| |..|

|..| |..|

|..| |..|

|..| |..|

|..| |..|

|..| |..|

|..| |..|

|..| |..|

|..| |..|

|..| |..|

Vernacular of the *Old West*

Meat Dishes
Peculiar to *Sweden*

. . . .

. . . .

. . . .

. . . .

. . . .

. . . .

. . . .

. . . .

. . . .

. . . .

. . . .

. . . .

. . . .

. . . .

Palatable *Side Dishes*
in a Hospital Cafeteria

Categories of
String

. . . .

. . . .

. . . .

. . . .

. . . .

. . . .

. . . .

. . . .

. . . .

. . . .

. . . .

. . . .

. . . .

. . . .

229

Jewelers' *Favorite Things*

Vulgar Terms
for a *Tax Man*

Provisions for
a Traveling Band
of *Jazz Singers*

Gangsters' *Accessories*

. . . .

. . . .

. . . .

. . . .

. . . .

. . . .

. . . .

. . . .

. . . .

. . . .

. . . .

. . . .

. . . .

. . . .

. . . .

Uses for
a *Piece of Rope*

Gutsy Approaches
to Disarming
a *One-Armed Bandit*

_____

_____

_____

_____

_____

_____

_____

_____

_____

_____

_____

_____

_____

_____

_____

– CHAPTER 24 –
Lists for the Beach

Quality *Sock* Brands

Jelly Bean Flavors
Appealing to a *Fish*

Knitters' *Nicknames*   *Nonessential* Magazines

Qualifications for
Becoming a *Mime*

Ultrasmooth
Pickup Lines

Winning Names
for a *Stuffed Animal*

Newspapers with Names
That Don't Reference
a Particular City

_____

_____

_____

_____

_____

Worrisome *Traffic* Sounds   Italian *Fashion Trends*

_____   _____

_____   _____

_____   _____

_____   _____

_____   _____

Liquors to Be Drunk
When One Has Been *Fired*

Intolerable *Questions*

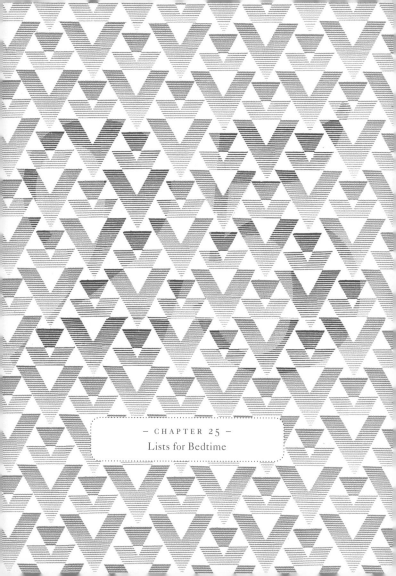

– CHAPTER 25 –

Lists for Bedtime

Million Dollar *Ideas*

Full-Time *Hobbies*

. . . .

. . . .

. . . .

. . . .

. . . .

. . . .

. . . .

. . . .

. . . .

. . . .

. . . .

. . . .

. . . .

. . . .

. . . .

X-Ray Machine Uses
That Might Prove
Surprisingly Revealing

Vanilla Scented Things

....
....
....
....
....

Parental *Faux Pas*	Materials Often Used in the Construction of *Doorknobs*
....	....
....	....
....	....
....	....
....	....
....	....

Laconic Ways of
Expressing Displeasure
to a *Beagle*

———————————————————————

———————————————————————

———————————————————————

———————————————————————

———————————————————————

Original Sayings   Zoos Containing
                                       Panda Bears

———————————   ———————————

———————————   ———————————

———————————   ———————————

———————————   ———————————

———————————   ———————————

———————————   ———————————

Junk Foods
That Summon
Memories of Childhood

Reflective Things
in an Office

Favorite
Mountain Ranges

Yo-Yo Tricks

– CHAPTER 26 –

Lists for No Particular Reason

Ready-Made *Art*

Almost
Famous Persons

_____   _____
_____   _____
_____   _____
_____   _____
_____   _____
_____   _____
_____   _____
_____   _____
_____   _____
_____   _____
_____   _____
_____   _____
_____   _____
_____   _____

Kudzu *Sculpture* Ideas

Miracle Drugs Found
in the *Pantry*

. . . .

. . . .

. . . .

. . . .

. . . .

. . . .

. . . .

. . . .

. . . .

. . . .

. . . .

. . . .

. . . .

. . . .

| *No-Nos,* | Pancake *Accompaniments* |
| on a Spiritual Level | |

· ·
· ·
· ·
· ·
· ·
· ·
· ·
· ·
· ·
· ·
· ·
· ·
· ·
· ·
· ·
· ·

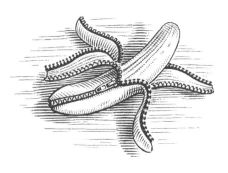

Zipper Uses Other Than
in Clothing

Keepsake Items
Kept in the *Living Room*

_____

_____

_____

_____

_____

Lakes with Colors
in Their Names

Yesterday's *News*

_____   _____

_____   _____

_____   _____

_____   _____

_____   _____

_____   _____